ARITHMETIC CROSSWORD PUZZLES

Nicholas Goodman

Arithmetic Crossword Puzzles

A fun math book

Nicholas Goodman

Zishka Publishing

ISBN: 978-1-941691-46-5

Games and Puzzles > Math

Mathematics > Fun

CONTENTS

INTRODUCTION

Add, subtract, multiply, and divide to complete these arithmetic crossword puzzles.

Horizontal rows read across from left to right.

6	+		=	20

For example, the row above asks, "6 plus what equals 20?" Write 14 in the center box.

Vertical columns read down from top to bottom.

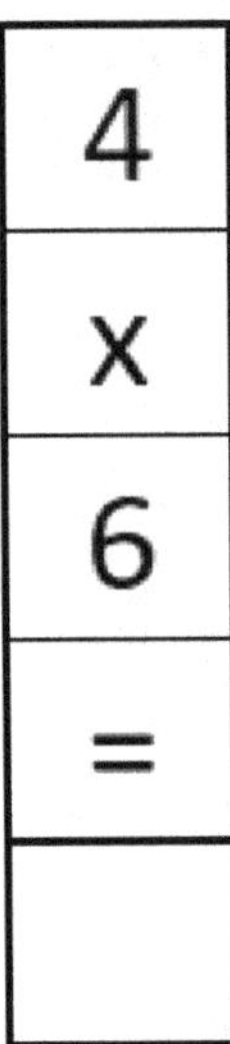

For example, the column above asks, "4 times 6 equals what?" Write 24 at the bottom.

Tip: If you're stuck, look around carefully to find something that you <u>can</u> do.

Sometimes, solving a problem in one part of the puzzle creates a chain reaction that will help you work on a different part of the puzzle.

Enjoy!

Puzzle #1

3	x	6	=							
+		−		÷						
			x		=					
=		=		=		+				−
11		2	+	6	=					16
						=				=
	x		=	54			x		=	80
+				÷				+		
	÷	21	=					11		
=				=				=		
51					−	12	=			

Puzzle #2

		15	−		=	9				
		x		x		x				
	÷		=	9		9				
−		=		=		=				
9	+		=				−	49	=	
=										+
	+		=	30			÷	7	=	7
		−		−		−				=
						13	x		=	
		=		=		=				
		4	x		=					

Puzzle #3

						14	+		=	
		+				x				–
		52	–		=					21
		=		+		=				=
66	–	58	=				÷	6	=	
				=						
				57	–		=	44		
		÷				+		÷		
		12			+		=	11		
		=				=		=		
			x	6	=	18				

Puzzle #4

			+	60	=					
		x		÷						
2		6			+		=	11		
x		=		=				x		
	−		=	12				3		
=								=		
	÷		=	24		54	−		=	
		+				+				+
		15					x	7	=	
		=				=				=
			x	3	=					42

Puzzle #5

				7	x	7	=			
				x		+		÷		÷
88	÷		=	8			−	7	=	
−		+		=		=		=		=
18		24			−		=			2
=		=								
	÷		=				+		=	
				x		x		+		x
					−		=	25		7
				=		=		=		=
				62	−	30	=			

Puzzle #6

		6	x	4	=			45		
		+		x		÷		−		
16	−	9	=			8	+		=	
+		=		=		=		=		+
	+		=				x	13	=	
=										=
	x	2	=			88	−		=	
		+		−		÷		−		
				10				7		
		=		=		=		=		
6	x		=				÷		=	11

Puzzle #7

	+	80	=	84		8	x	7	=	
		−		÷		+		x		÷
48	−		=				÷		=	
÷		=		=		=		=		=
3			+	14	=			77		14
=										
	−	12	=				+	12	=	
		÷		x		−				÷
		2			+		=	26		8
		=		=		=				=
38	−		=			34	−		=	

Puzzle #8

	x	3	=	9		24	+		=	36
		x		x		−				÷
			−		=	3				9
		=		=		=				=
	+	24	=				−		=	
÷								+		
					÷		=	7		
=		÷		−		−		=		÷
3		10			x	3	=			3
		=		=		=				=
	x	4	=	48			x	5	=	

Puzzle #9

36			−		=					75
÷		÷		+		÷				−
9		9		10			x		=	60
=		=		=		=		÷		=
	x	8	=			5	x		=	
								=		
					÷	6	=			
+				x		x				÷
	÷	4	=	5		7	−	4	=	
=				=		=				=
	−	26	=				÷	2	=	

Puzzle #10

	÷		=	6						
−		+		x						
42					−	4	=	9		
=		=		=				x		
	+	48	=				+	2	=	34
						−		=		÷
		43			÷	3	=			
÷		−		+		=				=
	+	34	=				−	12	=	
=		=		=						
5				96	÷		=	4		

Puzzle #11

7	x	9	=			40	−		=	
		+		÷		÷				x
		7			x		=	45		2
		=		=		=				=
23	−		=				+	48	=	
+								−		
76	÷	4	=				+	37	=	
=		+		−		÷		=		−
	÷		=	9		3	x		=	
		=		=		=				=
							+		=	22

Puzzle #12

	−		=	8			÷	7	=	
÷				x		+				x
12	−		=	8		26	−		=	
=				=		=				=
	+	56	=				−		=	15
		÷						−		
38		4	x		=			20		48
+		=		+		÷		=		+
	−		=	8			x		=	
=				=		=				=
	÷	5	=			8	x	9	=	

Puzzle #13

3	x	9	=			8	x		=	
x		−		+				÷		−
			+		=					84
=		=		=		+		=		=
12	x	5	=				x	4	=	
						=				
	÷		=	2		40	+		=	
+		−		x				x		÷
16					+	12	=			7
=		=		=				=		=
	÷	3	=			44	−	38	=	

Puzzle #14

	+	12	=				+	16	=	
−				÷		+				÷
1		2	x		=			7		8
=				=		=		+		=
	÷		=	13		56	÷		=	
		x						=		
8				5		18	+		=	
x		=		x		−				÷
		42	÷	6	=					8
=				=		=				=
	−	34	=				−	7	=	

Puzzle #15

8	x	3	=			2	x	13	=	
x				÷		+				
4					x		=	20		
=				=		=				
	−		=	6			+	35	=	
		÷								÷
	x	2	=				÷	10	=	
÷		=		+		−		+		=
3	+		=			23	−		=	7
=				=		=		=		
	x		=	40			+		=	

Puzzle #16

		41			x	10	=	30		
		–		+				÷		
	+	23	=			9	x	5	=	
÷		=		=				=		+
					÷	9	=			21
=										=
4	x		=			6	x		=	
		x		–		x		–		
	x		=	27			x		=	24
		=		=		=		=		
		36			–		=	3		

Puzzle #17

	−		=	12		8	+	7	=	
x				+		x				÷
	x	18	=			12	−		=	
=				=		=		x		=
44			+		=			12		3
		÷						=		
	+	8	=			6	+		=	
−		=		÷		+				÷
2			x	5	=					9
=				=		=				=
	÷		=	5			−	26	=	

Puzzle #18

	+		=			9	÷		=	
÷		−				x				+
6		3	+		=					6
=		=		+		=				=
	x	11	=	33			−	54	=	
				=				÷		
	−	12	=				÷		=	6
÷		÷				+		=		x
7		4				6		9		
=		=				=				=
7	x		=				−	24	=	

Puzzle #19

			÷		=	18				
		−				÷				
	+		=			2	x	6	=	
÷		=		−		=				÷
	+	7	=	13			÷		=	3
=				=				x		=
4	+		=				−	12	=	
		+				−		=		
	−	9	=	8		7	+		=	
		=				=				
			÷	7	=					

Puzzle #20

2		11	x		=			13		6
x		+		−				−		x
	−		=	3			÷	4	=	
=		=		=		x		=		=
			÷	5	=	5				18
						=				
	+	3	=				÷		=	10
−		−		÷				+		x
5					x	7	=			
=		=		=				=		=
	÷		=	4				34		80

Puzzle #21

8	x	6	=				–		=	5
x				–		+				
	–	4	=			21	÷		=	7
=				=		=				x
	–		=	40			÷	7	=	
		÷								=
	x	2	=	14			–		=	
+		=		+		÷		+		
3	+		=			3	x		=	33
=				=		=		=		
		60	–		=			21		

Puzzle #22

	−	18	=			27	÷		=	9
÷				+		+				x
				10	−		=	5		
=				=		=		x		=
4	x	6	=				+		=	
		+						=		
5	+		=			44	+		=	
x		=		x		÷				÷
9		14	−		=					8
=				=		=				=
	−	6	=				+	4	=	

Puzzle #23

					÷	10	=			
		+		+				x		
8	÷		=	2		24	÷	8	=	
+		=		=				=		x
9	x	8	=			68	−		=	
=										=
	−	9	=				+	18	=	
		x		x		÷		−		
	÷		=	5		3	+		=	
		=		=		=		=		
4	+		=				x	9	=	

Puzzle #24

24	÷	3	=	
−				+
	÷		=	8
=		x		=
8		12		
		=		

	÷	2	=	
+				÷
35	−		=	
=		+		=
63	÷		=	7
		=		

	+		=	50			+		=	81
−				÷		−				÷
8		7	x		=					
=				=		=				=
	−	8	=				+	5	=	

Puzzle #25

			x	5	=					15
		+		x		−				x
	−		=	7			÷	9	=	
−		=		=		=		+		=
	+	23	=			28	+		=	
=								=		
	x	6	=				−	26	=	
		x		−		÷				+
	+		=	33		6	x		=	
		=		=		=				=
		72	÷		=					34

Puzzle #26

	−	17	=					17		
+				x				−		
	−		=	9		10	+	8	=	
=		+		=		+		=		x
		7			÷	4	=			2
		=				=				=
	+	28	=				+		=	
x				÷				+		
11	−		=	6		12	+	48	=	
=				=				=		
					x	14	=			

Puzzle #27

	x	10	=			15	x	2	=	
+				÷		+				−
5		12	x		=			7		
=				=		=		+		=
	+		=	20		63	÷		=	7
								=		
	÷	4	=			3	x		=	
+				+		x				÷
34					x		=	75		3
=				=		=				=
	÷		=	11			−	59	=	

Puzzle #28

5	+		=	15			÷	3	=	
x		+				+				+
6		16		72	÷	12	=			
=		=		÷		=				=
	−		=				−		=	50
				=				x		
3		35			−	14	=			
x		÷				+		=		−
	+		=	16		14	+	28	=	
=		=				=				=
			+	21	=					13

Puzzle #29

	x	12	=				−	42	=	
x						÷				÷
	+	9	=			7	−		=	
=				x		=		x		=
88		10	−	2	=			12		
		x		=				=		
	+	5	=				−		=	30
−		=				÷				÷
7			−	47	=					
=						=				=
	÷	4	=	7		30	−	24	=	

Puzzle #30

	÷	2	=				x	12	=	
−				x		+				−
5		8	−	4	=					24
=		+		=		=				=
	+		=	24		12	+		=	
		=						÷		
3	+		=				x		=	40
x				÷		+		=		÷
6		49	÷		=			12		10
=				=		=				=
	−		=	4		15	−		=	

Puzzle #31

			+	27	=					
		−				÷		−		
5	x	3	=				+	8	=	
+		=		+		=		=		x
	+		=	25			−	3	=	2
=				=						=
	x		=				+	12	=	
		+				−		x		
		9	+	12	=			6		
		=				=		=		
					x	3	=			

Puzzle #32

	÷		=	11		54	÷	9	=	
−				x		−				+
11		5	x		=			14		8
=				=		=		−		=
	x	2	=				−	10	=	
		+						=		
8	+		=			4	x		=	
+		=		+		x				÷
	÷		=	5			−	11	=	
=				=		=				=
					+		=	72		8

Puzzle #33

84	÷		=			18	+		=	
		x		+		÷				−
			x	3	=			7		13
		=		=		=		x		=
	x	8	=				+	5	=	
+								=		
	−	26	=				−		=	13
=		+		x		÷				−
44	÷		=			12	÷	3	=	
		=		=		=				=
		37			−		=	56		

Puzzle #34

9	+	8	=				x	3	=	
+				−		+				÷
4		10			+		=	24		11
=		x		=		=		÷		=
	−		=	7		36	÷		=	
		=						=		
	−		=	12		22	−		=	
÷				x		−				x
8		2	x		=					
=				=		=				=
	+	87	=				x	9	=	

Puzzle #35

	x	2	=			8	+	6	=	
+				−		x				+
28					x		=	42		18
=				=		=		−		=
	÷		=	7		16	+		=	
		+						=		
44	−		=			50	+		=	
−		=		+		÷				÷
		25			x		=	55		2
=				=		=				=
	x	6	=				+	28	=	

Puzzle #36

7	+	6	=				−	5	=	
x				−		+				x
		4	x		=					15
=				=		=				=
	÷		=	2		53	+		=	
		÷						÷		
	÷		=	3		12	x		=	
x		=		x		+		=		−
3		5	+		=			1		9
=				=		=				=
	−	39	=				x	3	=	

Puzzle #37

	+	45	=	69			+	46	=	
÷		÷				−				÷
		5		14	+	13	=			11
=		=		+		=		−		=
2	x		=			18	−		=	
				=				=		
	x	4	=				−		=	40
x						÷				−
5			÷	4	=					25
=						=				=
	÷	4	=			7	+		=	

Puzzle #38

12			−	3	=					45
x		+				+				−
8		24					x	4	=	
=		=				=				=
	−		=			14	+		=	
				÷				+		
18	÷	3	=			5	x	7	=	
x				=		+		=		−
3				10	+		=			9
=						=				=
	÷	6	=				x	2	=	

Puzzle #39

7	+	5	=				÷		=	
		x		x		−				x
		8	+	6	=			37		3
		=		=		=		−		=
	+		=			16	+		=	
−								=		
	+	9	=				÷		=	6
=		x		−		+				+
24		9			+		=	28		
		=		=		=				=
			−	11	=					22

Puzzle #40

		14	−	8	=					71
		÷		+		x				−
5	x	7	=				+	8	=	
+		=		=		=		+		=
	−		=			60	−		=	
=								=		
	−		=			21	+		=	
		+		÷		x				÷
			÷	5	=					4
		=		=		=				=
	−		=	5			÷	7	=	

Puzzle #41

13	x	3	=				x	5	=	
−				−		x				÷
		4			÷		=	9		2
=		x		=		=		+		=
	+		=	12		36	−		=	
		=						=		
4	x		=			35	+		=	
+				÷		−				÷
76					+		=	13		5
=				=		=				=
	÷	10	=				÷	3	=	

Puzzle #42

4				7	+	4	=			
x				+		x				÷
6		28			÷	18	=			9
=		−		=		=		x		=
	+	19	=				÷	8	=	
		=						=		
	x		=	90			+		=	24
−				÷		+				−
4		11	x		=					
=				=		=				=
	x	3	=				÷	9	=	

Puzzle #43

	−	8	=				−	6	=	
+				x		x				x
		17	−		=					11
=		+		=		=				=
	+		=	50		77	−		=	
		=						+		
4		42	÷	7	=			8		19
x				x		+		=		−
	−		=	3		90	÷		=	
=				=		=				=
	−	23	=				÷	6	=	

Puzzle #44

		14	−	5	=					13
		x				x				−
60	÷		=			4	+		=	
−		=		÷		=		x		=
				3			÷	6	=	
=				=				=		
20	÷	5	=			7	+		=	
		x				x				x
	÷		=	8			−	7	=	
		=				=				=
			+	35	=					75

Puzzle #45

	+	6	=			27	÷	9	=	
x				x		−				+
		3	x	4	=					5
=		x		=		=				=
30	+		=				−		=	
		=						+		
84			÷		=	9		53		
÷				+		x		=		+
12					x	6	=			13
=				=		=				=
	+	9	=				÷	2	=	

Puzzle #46

3	x		=				÷	8	=	8
				−		÷				
		21	−		=	16				24
+				=		=				−
4	x	7	=				x	4	=	
=		+								=
17	−		=	3			÷	6	=	
		=		x		−		+		
			−		=	9				
				=		=		=		
6	x		=				+	13	=	

Puzzle #47

11			−	5	=			2		
x		+				+		x		
	x		=	90			+	21	=	
=		=				=		=		÷
			+	4	=	32				15
				x						=
	+	5	=	8			÷	11	=	
+		x		=		−		−		
45	−		=			20	−	4	=	
=		=				=		=		
			÷	5	=					

Puzzle #48

24	÷	4	=				÷	3	=	
				+		−				+
2		80	÷		=					47
+				=		=				=
	÷	7	=			7	x		=	
=		x						−		
72	÷	9	=				+	3	=	
		=		+		x		=		x
	−		=			9	−		=	
				=		=				=
		3	x		=					36

Puzzle #49

4	+	8	=				+		=	22
+				÷		+		+		
7		48	÷		=			5		10
=		−		=		=		=		x
	−		=	3		26	÷		=	
		=								=
	+		=	63		80	÷		=	
+				÷		÷		+		
5					x	8	=			
=				=		=		=		
	÷	4	=				+		=	

Puzzle #50

46		5	+		=					
−				−		−		−		
40	÷	8	=			7	x	11	=	
=		x		=		=		=		
	÷	2	=				x	14	=	
		=								÷
	+		=	90			−	5	=	
−				÷		+		x		=
	÷	3	=				÷	5	=	12
=				=		=		=		
		8	x		=					

Puzzle #51

25					x	2	=			
x				−				÷		
	+		=	17		17	+		=	
=		+		=		−		=		−
75	÷		=				+	4	=	
		=				=				=
	−		=	4		9	+	7	=	
−				x				x		
25					−	5	=			
=				=				=		
	x	6	=			7	+		=	

Puzzle #52

	+	4	=			17	x	2	=	
÷				x		−				−
			+	4	=	9		90		8
=		x		=		=		÷		=
2		9			÷		=	10		
		=						=		
54	−		=				−		=	
÷				+		x				x
					x		=	33		8
=				=		=				=
6	+		=	20		42				

Puzzle #53

		8	+		=					16
		+		+		x				−
	+		=	9			+		=	
x		=		=		=		x		=
8	+		=			36	÷	4	=	
=								=		
	−		=	11			÷		=	4
		−		x		÷				x
		4		9	x	5	=			7
		=		=		=				=
	+		=				+	12	=	

Puzzle #54

	+		=			5	+	9	=	
x		+				+				x
21		5	x		=					3
=		=		−		=		−		=
63	÷	7	=				−		=	
				=				=		
24	−		=			6	x	8	=	
÷		−				+				÷
3			−	6	=					12
=		=				=				=
	x		=	32			÷	4	=	

Puzzle #55

	−	5	=				x	4	=	
+				+		+				÷
			x	3	=			36		12
=		+		=		=		÷		=
36	÷	6	=			45	÷	9	=	
		=						=		
3	x		=				−		=	4
x				÷		+				+
				12	+		=	32		
=				=		=				=
	−	17	=				÷	2	=	

Puzzle #56

			+	22	=					
÷		−				÷				÷
3		3		5	+	3	=			9
=		=		+		=		x		=
	−	8	=	9			−	7	=	
				=				=		
	−		=			16	+		=	
x		+				+				÷
2			−	8	=					12
=		=				=				=
	−	21	=				÷	4	=	

Puzzle #57

	x	3	=				+	36	=	
−				÷		+				÷
2		11	−		=					7
=		+		=		=		−		=
	+		=	15		21	÷		=	
		=						=		
	−		=	36		5	x	6	=	
−				÷		x				−
10					+		=	21		15
=				=		=				=
	÷	13	=				−	30	=	

Puzzle #58

32	−		=			22	+		=	
÷				−				−		÷
8		9	+	9	=					4
=		x		=		x		=		=
	+	3	=				+	7	=	
		=				=				
	−		=	6		54	÷	6	=	
+				x				x		x
	+	5	=				÷	4	=	
=				=				=		=
					÷	2	=			72

Puzzle #59

			−	6	=					30
		÷		+		x				÷
6	x	7	=				−	6	=	
x		=		=		=		+		=
11		2	x		=					
=								=		
	÷	3	=			8	x	8	=	
		x		−		+				−
				7	x		=			36
		=		=		=				=
42	−		=				+	11	=	

Puzzle #60

5	+		=	8		17	−		=	
+				÷		x				x
		5			+		=	5		6
=		x		=		=		x		=
32	÷	8	=				−	9	=	
		=						=		
	+		=	72		2	x		=	
−				÷		+				÷
		12	−		=					3
=				=		=				=
	+	5	=				x	5	=	

Puzzle #61

			÷	4	=					
		−				x				÷
						3	+	8	=	
		=		+		=		x		=
9		6	x	7	=			3		8
x				=				=		
9	x	6	=			8	+		=	
=		+				x				÷
	−		=				+	7	=	
		=				=				=
			x	4	=					2

Puzzle #62

12	−	8	=			84	÷	7	=	
x				x		−				−
5		14			+		=	26		5
=		−		=		=		−		=
	−		=	48			÷		=	
		=						=		
	+		=	11		40	−		=	
x				x		÷				x
					x		=	20		2
=				=		=				=
	−	19	=				+	40	=	

Puzzle #63

	−	3	=			25	x		=	
+				x		÷				−
23		42			−		=	1		20
=		−		=		=				=
	+		=	78			x	11	=	
		=						−		
9	+		=			8	x	5	=	
+				x		+		=		÷
9		30	÷		=					10
=				=		=				=
	x		=	36			−	14	=	

Puzzle #64

			÷	2	=					
		−				x				
6		6					+		=	48
x		=				=		÷		
7	x		=			15	x		=	
=				+				=		−
	+		=	47		81	÷	9	=	
		x		=		−				=
		12			÷		=	3		66
		=				=				
	−		=	12			÷		=	7

Puzzle #65

	x	2	=			6	+		=	
				+				+		÷
	÷	10	=			21	−	9	=	
+		−		=		−		=		=
12				13	x		=			
=		=				=				
42	÷	6	=			18	÷	3	=	
				−				x		+
					+	8	=			
				=				=		=
32	÷	8	=			43	−		=	

Puzzle #66

	x	3	=			4	x	6	=	
+				÷		x				−
18		99	÷		=			6		2
=				=		=		−		=
	÷		=	6		44	÷		=	
		x						=		
	−		=	7		15	x		=	
x		=		x		−				÷
		72	÷		=					5
=				=		=				=
38	+		=				+	6	=	

Puzzle #67

		15	−		=					
		−				x				
	x		=	60		12	x	4	=	
+		=				=		+		÷
45			+	75	=					12
=				÷				=		=
	÷		=	5			÷	6	=	
		−		=		x				
		3			+		=	19		
		=				=				
8	x		=	64			÷		=	8

Puzzle #68

45	÷	5	=			7	x	7	=	
x				+		x				−
		35		9	−		=			35
=		÷		=		=		x		=
	÷		=				÷	3	=	
		=						=		
	+		=	17		16	−		=	
x				x		−				+
7					x		=	8		17
=				=		=				=
	−	36	=				x	2	=	

Puzzle #69

	−	13	=				÷	8	=	
+				x						+
9		8	x		=					30
=		+		=		÷				=
		2		27		6	x		=	
		=				=		+		
	+		=	15			x	7	=	
+				+				=		÷
2					−	6	=			4
=				=						=
	+	27	=			37	−	16	=	

Puzzle #70

		2	+		=					
				+		÷				−
	−	9	=				+		=	14
+				=		=		+		=
	x		=	50			−	4	=	
=		+						=		
32	÷	8	=			80	÷		=	
		=		x		+				x
5	+		=	23			+	13	=	
				=		=				=
					−		=	6		95

Puzzle #71

		2	x	32	=					85
				÷		÷				+
20	÷	5	=			8	−		=	3
x		+		=		=		+		=
3	+		=				x		=	
=		=						=		
	÷		=			11	+		=	
				+		x				÷
					x		=	42		3
				=		=				=
41	−		=				−	13	=	

Puzzle #72

	x	12	=				−	6	=	
−				÷		+				
				4	x	12	=			
=				=		=		÷		
3	x	6	=				x		=	80
		+						=		−
	−	12	=				+	12	=	
−		=		x		+				=
14			−	4	=					
=				=		=				
	x		=	16		34	÷		=	2

Puzzle #73

	−		=			20	x		=	
x				+		÷				÷
7		32	÷	8	=			99		5
=		+		=		=		÷		=
	÷		=	14			+	11	=	
		=						=		
	−		=	4			−		=	39
÷				+		x				−
8					x	2	=	62		
=				=		=				=
	x	7	=				÷	8	=	

Puzzle #74

16	−	7	=				−	7	=	
x				x		+				−
		3	x	7	=			77		2
=		x		=		=		÷		=
	+		=			35	÷		=	
		=						=		
	+		=	56			x		=	
+				÷		+				−
13					x		=	70		42
=				=		=				=
	÷	3	=				x	3	=	57

Puzzle #75

46	−		=	13			x	30	=	60
		+				+		÷		
	−		=	39			+	10	=	
÷		=				=		=		x
6			÷	6	=					2
=				x						=
	−		=	3		45	−		=	
		+		=		÷		+		
		5			−	9	=			
		=				=		=		
27	−		=				+		=	21

Puzzle #76

			x	2	=					
		+		+		−				−
54	−		=				+		=	
÷		=		=		=		+		=
9		72	÷	8	=			17		8
=								=		
	x	3	=			3	x		=	
		+		÷		+				÷
				9	x		=	90		7
		=		=		=				=
50	÷		=				−	4	=	

Puzzle #77

	x	11	=				+		=	
+				−		−				÷
		12		14	+	24	=			15
=		−		=		=		÷		=
9	x	7	=			8	÷		=	
		=						=		
	+		=	15			+	19	=	
−				+		+				−
3		12	+		=					27
=				=		=				=
	x	5	=			48	÷		=	

Puzzle #78

	÷	5	=			24	+		=	
−				x						÷
		7		6		14	−		=	7
=		+		=				−		=
22	x		=			28	÷	4	=	
		=				+		=		
	+		=	33		12	x		=	
+				−		=				÷
29		2	x		=					3
=				=						=
	÷	4	=				x	3	=	

Puzzle #79

	−		=	48			x	4	=	
÷				+		+				÷
	+	6	=			2		55		
=		x		=		=		÷		=
9		7		60	÷		=			5
		=						=		
56	−		=				+	11	=	
÷				+		−				+
				34	−		=	21		30
=				=		=				=
	x	6	=			9	x		=	

Puzzle #80

96	÷	4	=			22	+		=	53
÷				x		−		−		
12		17			+	19	=			
=		−		=		=		=		
	x		=	72			x		=	
		=								+
	+		=	24		12	−		=	
−				÷		+		+		=
9					+	11	=			35
=				=		=		=		
	−	4	=				+		=	

Solution to Puzzle #1

3	x	6	=	18						
+		−		÷						
8		4	x	3	=	12				96
=		=		=		+				−
11		2	+	6	=	8				16
						=				=
9	x	6	=	54		20	x	4	=	80
+				÷				+		
42	÷	21	=	2				11		
=				=				=		
51				27	−	12	=	15		

Solution to Puzzle #2

		15	−	6	=	9				
		x		x		x				
27	÷	3	=	9		9				
−		=		=		=				
9	+	45	=	54		81	−	49	=	32
=										+
18	+	12	=	30		49	÷	7	=	7
		−		−		−				=
		8		21		13	x	3	=	39
		=		=		=				
		4	x	9	=	36				

Solution to Puzzle #3

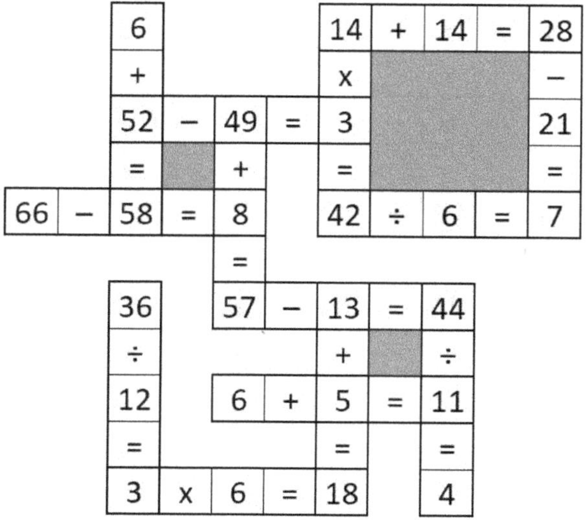

		6				14	+	14	=	28
		+				x				−
		52	−	49	=	3				21
		=		+		=				=
66	−	58	=	8		42	÷	6	=	7
				=						
		36		57	−	13	=	44		
		÷				+		÷		
		12		6	+	5	=	11		
		=				=		=		
		3	x	6	=	18		4		

Solution to Puzzle #4

		6	+	60	=	66				
		x		÷						
2		6		5	+	6	=	11		
x		=		=				x		
48	−	36	=	12				3		
=								=		
96	÷	4	=	24		54	−	33	=	21
		+				+				+
		15				3	x	7	=	21
		=				=				=
		19	x	3	=	57				42

Solution to Puzzle #5

				7	x	7	=	49		70
				x		+		÷		÷
88	÷	11	=	8		42	−	7	=	35
−		+		=		=		=		=
18		24		56	−	49	=	7		2
=		=								
70	÷	35	=	2		5	+	7	=	12
				x		x		+		x
				31	−	6	=	25		7
				=		=		=		=
				62	−	30	=	32		84

Solution to Puzzle #6

		6	x	4	=	24		45		
		+		x		÷		−		
16	−	9	=	7		8	+	32	=	40
+		=		=		=		=		+
13	+	15	=	28		3	x	13	=	39
=										=
29	x	2	=	58		88	−	9	=	79
		+		−		÷		−		
		6		10		4		7		
		=		=		=		=		
6	x	8	=	48		22	÷	2	=	11

Solution to Puzzle #7

4	+	80	=	84		8	x	7	=	56
		−		÷		+		x		÷
48	−	42	=	6		44	÷	11	=	4
÷		=		=		=		=		=
3		38	+	14	=	52		77		14
=										
16	−	12	=	4		52	+	12	=	64
		÷		x		−				÷
		2		8	+	18	=	26		8
		=		=		=				=
38	−	6	=	32		34	−	26	=	8

Solution to Puzzle #8

3	x	3	=	9		24	+	12	=	36
		x		x		−				÷
		8	−	5	=	3				9
		=		=		=				=
21	+	24	=	45		21	−	17	=	4
÷								+		
7		40		56	÷	8	=	7		75
=		÷		−		−		=		÷
3		10		8	x	3	=	24		3
		=		=		=				=
12	x	4	=	48		5	x	5	=	25

Solution to Puzzle #9

36		72	−	22	=	50				75
÷		÷		+		÷				−
9		9		10		10	x	6	=	60
=		=		=		=		÷		=
4	x	8	=	32		5	x	3	=	15
								=		
66				12	÷	6	=	2		63
+				x		x				÷
20	÷	4	=	5		7	−	4	=	3
=				=		=				=
86	−	26	=	60		42	÷	2	=	21

Solution to Puzzle #10

72	÷	12	=	6						
−		+		x						
42		36		13	−	4	=	9		
=		=		=				x		
30	+	48	=	78		32	+	2	=	34
						−		=		÷
40		43		54	÷	3	=	18		2
÷		−		+		=				=
8	+	34	=	42		29	−	12	=	17
=		=		=						
5		9		96	÷	24	=	4		

Solution to Puzzle #11

7	x	9	=	63		40	−	12	=	28
		+		÷		÷				x
		7		9	x	5	=	45		2
		=		=		=				=
23	−	16	=	7		8	+	48	=	56
+								−		
76	÷	4	=	19		18	+	37	=	55
=		+		−		÷		=		−
99	÷	11	=	9		3	x	11	=	33
		=		=		=				=
		15		10		6	+	16	=	22

Solution to Puzzle #12

96	−	88	=	8		21	÷	7	=	3
÷				x		+				x
12	−	4	=	8		26	−	21	=	5
=				=		=				=
8	+	56	=	64		47	−	32	=	15
		÷						−		
38		4	x	4	=	16		20		48
+		=		+		÷		=		+
22	−	14	=	8		2	x	12	=	24
=				=		=				=
60	÷	5	=	12		8	x	9	=	72

Solution to Puzzle #13

3	x	9	=	27		8	x	12	=	96
x		−		+				÷		−
4		4	+	33	=	37		3		84
=		=		=		+		=		=
12	x	5	=	60		3	x	4	=	12
						=				
26	÷	13	=	2		40	+	2	=	42
+		−		x				x		÷
16		10		7	+	12	=	19		7
=		=		=				=		=
42	÷	3	=	14		44	−	38	=	6

Solution to Puzzle #14

40	+	12	=	52		48	+	16	=	64
−				÷		+				÷
1		2	x	4	=	8		7		8
=				=		=		+		=
39	÷	3	=	13		56	÷	7	=	8
		x						=		
8		14		5		18	+	14	=	32
x		=		x		−				÷
8		42	÷	6	=	7				8
=				=		=				=
64	−	34	=	30		11	−	7	=	4

Solution to Puzzle #15

8	x	3	=	24		2	x	13	=	26
x				÷		+				
4				4	x	5	=	20		
=				=		=				
32	−	26	=	6		7	+	35	=	42
		÷								÷
12	x	2	=	24		60	÷	10	=	6
÷		=		+		−		+		=
3	+	13	=	16		23	−	16	=	7
=				=		=		=		
4	x	10	=	40		37	+	26	=	63

Solution to Puzzle #16

		41		3	x	10	=	30		
		−		+				÷		
28	+	23	=	51		9	x	5	=	45
÷		=		=				=		+
7		18		54	÷	9	=	6		21
=										=
4	x	12	=	48		6	x	11	=	66
		x		−		x		−		
9	x	3	=	27		3	x	8	=	24
		=		=		=		=		
		36		21	−	18	=	3		

Solution to Puzzle #17

22	−	10	=	12		8	+	7	=	15
x				+		x				÷
2	x	18	=	36		12	−	7	=	5
=				=		=		x		=
44		48	+	48	=	96		12		3
		÷						=		
17	+	8	=	25		6	+	84	=	90
−		=		÷		+				÷
2		6	x	5	=	30				9
=				=		=				=
15	÷	3	=	5		36	−	26	=	10

Solution to Puzzle #18

18	+	14	=	32		9	÷	3	=	3
÷		−				x				+
6		3	+	4	=	7				6
=		=		+		=				=
3	x	11	=	33		63	−	54	=	9
				=				÷		
49	−	12	=	37		36	÷	6	=	6
÷		÷				+		=		x
7		4				6		9		3
=		=				=				=
7	x	3	=	21		42	−	24	=	18

Solution to Puzzle #19

		54	÷	3	=	18				
		−				÷				
24	+	47	=	71		2	x	6	=	12
÷		=		−		=				÷
6	+	7	=	13		9	÷	3	=	3
=				=				x		=
4	+	54	=	58		16	−	12	=	4
		+				−		=		
17	−	9	=	8		7	+	36	=	43
		=				=				
		63	÷	7	=	9				

Solution to Puzzle #20

2		11	x	8	=	88		13		6
x		+		−				−		x
17	−	14	=	3		12	÷	4	=	3
=		=		=		x		=		=
34		25	÷	5	=	5		9		18
						=				
13	+	3	=	16		60	÷	6	=	10
−		−		÷				+		x
5		1		4	x	7	=	28		8
=		=		=				=		=
8	÷	2	=	4				34		80

Solution to Puzzle #21

8	x	6	=	48		14	−	9	=	5
x				−		+				
12	−	4	=	8		21	÷	3	=	7
=				=		=				x
96	−	56	=	40		35	÷	7	=	5
		÷								=
7	x	2	=	14		45	−	10	=	35
+		=		+		÷		+		
3	+	28	=	31		3	x	11	=	33
=				=		=		=		
10		60	−	45	=	15		21		

Solution to Puzzle #22

32	−	18	=	14		27	÷	3	=	9
÷				+		+				x
8				10	−	5	=	5		4
=				=		=		x		=
4	x	6	=	24		32	+	4	=	36
		+						=		
5	+	8	=	13		44	+	20	=	64
x		=		x		÷				÷
9		14	−	3	=	11				8
=				=		=				=
45	−	6	=	39		4	+	4	=	8

Solution to Puzzle #23

		4		70	÷	10	=	7		
		+		+				x		
8	÷	4	=	2		24	÷	8	=	3
+		=		=				=		x
9	x	8	=	72		68	−	56	=	12
=										=
17	−	9	=	8		18	+	18	=	36
		x		x		÷		−		
20	÷	4	=	5		3	+	9	=	12
		=		=		=		=		
4	+	36	=	40		6	x	9	=	54

Solution to Puzzle #24

24	÷	3	=	8		28	÷	2	=	14
−				+		+				÷
16	÷	2	=	8		35	−	33	=	2
=		x		=		=		+		=
8		12		16		63	÷	9	=	7
		=						=		
26	+	24	=	50		39	+	42	=	81
−				÷		−				÷
8		7	x	5	=	35				9
=				=		=				=
18	−	8	=	10		4	+	5	=	9

Solution to Puzzle #25

		11	x	5	=	55				15
		+		x		−				x
19	−	12	=	7		27	÷	9	=	3
−		=		=		=		+		=
12	+	23	=	35		28	+	17	=	45
=								=		
7	x	6	=	42		48	−	26	=	22
		x		−		÷				+
21	+	12	=	33		6	x	2	=	12
		=		=		=				=
		72	÷	9	=	8				34

Solution to Puzzle #26

21	−	17	=	4				17		
+				x				−		
30	−	21	=	9		10	+	8	=	18
=		+		=		+		=		x
51		7		36	÷	4	=	9		2
		=				=				=
2	+	28	=	30		14	+	22	=	36
x				÷				+		
11	−	5	=	6		12	+	48	=	60
=				=				=		
22				5	x	14	=	70		

Solution to Puzzle #27

8	x	10	=	80		15	x	2	=	30
+				÷		+				−
5		12	x	4	=	48		7		23
=				=		=		+		=
13	+	7	=	20		63	÷	9	=	7
								=		
32	÷	4	=	8		3	x	16	=	48
+				+		x				÷
34				3	x	25	=	75		3
=				=		=				=
66	÷	6	=	11		75	−	59	=	16

Solution to Puzzle #28

5	+	10	=	15		45	÷	3	=	15
x		+				+				+
6		16		72	÷	12	=	6		35
=		=		÷		=				=
30	−	26	=	4		57	−	7	=	50
				=				x		
3		35		18	−	14	=	4		55
x		÷				+		=		−
11	+	5	=	16		14	+	28	=	42
=		=				=				=
33		7	+	21	=	28				13

Solution to Puzzle #29

8	x	12	=	96		56	–	42	=	14
x						÷				÷
11	+	9	=	20		7	–	5	=	2
=				x		=		x		=
88		10	–	2	=	8		12		7
		x		=				=		
35	+	5	=	40		90	–	60	=	30
–		=				÷				÷
7		50	–	47	=	3				5
=						=				=
28	÷	4	=	7		30	–	24	=	6

Solution to Puzzle #30

12	÷	2	=	6		8	x	12	=	96
–				x		+				–
5		8	–	4	=	4				24
=		+		=		=				=
7	+	17	=	24		12	+	60	=	72
		=						÷		
3	+	25	=	28		8	x	5	=	40
x				÷		+		=		÷
6		49	÷	7	=	7		12		10
=				=		=				=
18	–	14	=	4		15	–	11	=	4

Solution to Puzzle #31

		23	+	27	=	50		11		
		–				÷		–		
5	x	3	=	15		10	+	8	=	18
+		=		+		=		=		x
5	+	20	=	25		5	–	3	=	2
=				=						=
10	x	4	=	40		24	+	12	=	36
		+				–		x		
		9	+	12	=	21		6		
		=				=		=		
		13		24	x	3	=	72		

Solution to Puzzle #32

44	÷	4	=	11		54	÷	9	=	6
–				x		–				+
11		5	x	6	=	30		14		8
=				=		=		–		=
33	x	2	=	66		24	–	10	=	14
		+						=		
8	+	7	=	15		4	x	4	=	16
+		=		+		x				÷
45	÷	9	=	5		13	–	11	=	2
=				=		=				=
53				20	+	52	=	72		8

Solution to Puzzle #33

84	÷	4	=	21		18	+	3	=	21
		x		+		÷				−
		2	x	3	=	6		7		13
		=		=		=		x		=
3	x	8	=	24		3	+	5	=	8
+								=		
41	−	26	=	15		48	−	35	=	13
=		+		x		÷				−
44	÷	11	=	4		12	÷	3	=	4
		=		=		=				=
		37		60	−	4	=	56		9

Solution to Puzzle #34

9	+	8	=	17		22	x	3	=	66
+				−		+				÷
4		10		10	+	14	=	24		11
=		x		=		=		÷		=
13	−	6	=	7		36	÷	6	=	6
		=						=		
72	−	60	=	12		22	−	4	=	18
÷				x		−				x
8		2	x	8	=	16				3
=				=		=				=
9	+	87	=	96		6	x	9	=	54

Solution to Puzzle #35

14	x	2	=	28		8	+	6	=	14
+				−		x				+
28				21	x	2	=	42		18
=				=		=		−		=
42	÷	6	=	7		16	+	16	=	32
		+						=		
44	−	19	=	25		50	+	26	=	76
−		=		+		÷				÷
38		25		11	x	5	=	55		2
=				=		=				=
6	x	6	=	36		10	+	28	=	38

Solution to Puzzle #36

7	+	6	=	13		9	−	5	=	4
x				−		+				x
10		4	x	11	=	44				15
=				=		=				=
70	÷	35	=	2		53	+	7	=	60
		÷						÷		
21	÷	7	=	3		12	x	7	=	84
x		=		x		+		=		−
3		5	+	8	=	13		1		9
=				=		=				=
63	−	39	=	24		25	x	3	=	75

Solution to Puzzle #37

24	+	45	=	69		31	+	46	=	77
÷		÷				−				÷
12		5		14	+	13	=	27		11
=		=		+		=		−		=
2	x	9	=	18		18	−	11	=	7
				=				=		
8	x	4	=	32		56	−	16	=	40
x						÷				−
5		32	÷	4	=	8				25
=						=				=
40	÷	4	=	10		7	+	8	=	15

Solution to Puzzle #38

12		12	−	3	=	9				45
x		+				+				−
8		24				5	x	4	=	20
=		=				=				=
96	−	36	=	60		14	+	11	=	25
				÷				+		
18	÷	3	=	6		5	x	7	=	35
x				=		+		=		−
3				10	+	8	=	18		9
=						=				=
54	÷	6	=	9		13	x	2	=	26

Solution to Puzzle #39

7	+	5	=	12		30	÷	2	=	15
		x		x		−				x
		8	+	6	=	14		37		3
		=		=		=		−		=
32	+	40	=	72		16	+	29	=	45
−								=		
8	+	9	=	17		48	÷	8	=	6
=		x		−		+				+
24		9		6	+	22	=	28		16
		=		=		=				=
		81	−	11	=	70				22

Solution to Puzzle #40

		14	−	8	=	6				71
		÷		+		x				−
5	x	7	=	35		10	+	8	=	18
+		=		=		=		+		=
45	−	2	=	43		60	−	7	=	53
=								=		
50	−	25	=	25		21	+	15	=	36
		+		÷		x				÷
		15	÷	5	=	3				4
		=		=		=				=
45	−	40	=	5		63	÷	7	=	9

Solution to Puzzle #41

13	x	3	=	39		12	x	5	=	60
−				−		x				÷
5		4		27	÷	3	=	9		2
=		x		=		=		+		=
8	+	4	=	12		36	−	6	=	30
		=						=		
4	x	16	=	64		35	+	15	=	50
+				÷		−				÷
76				8	+	5	=	13		5
=				=		=				=
80	÷	10	=	8		30	÷	3	=	10

Solution to Puzzle #42

4				7	+	4	=	11		81
x				+		x				÷
6		28		36	÷	18	=	2		9
=		−		=		=		x		=
24	+	19	=	43		72	÷	8	=	9
		=						=		
10	x	9	=	90		8	+	16	=	24
−				÷		+				−
4		11	x	5	=	55				17
=				=		=				=
6	x	3	=	18		63	÷	9	=	7

Solution to Puzzle #43

13	−	8	=	5		11	−	6	=	5
+				x		x				x
12		17	−	10	=	7				11
=		+		=		=				=
25	+	25	=	50		77	−	22	=	55
		=						+		
4		42	÷	7	=	6		8		19
x				x		+		=		−
11	−	8	=	3		90	÷	30	=	3
=				=		=				=
44	−	23	=	21		96	÷	6	=	16

Solution to Puzzle #44

		14	−	5	=	9				13
		x				x				−
60	÷	5	=	12		4	+	3	=	7
−		=		÷		=		x		=
40		70		3		36	÷	6	=	6
=				=				=		
20	÷	5	=	4		7	+	18	=	25
		x				x				x
56	÷	7	=	8		10	−	7	=	3
		=				=				=
		35	+	35	=	70				75

Solution to Puzzle #45

6	+	6	=	12		27	÷	9	=	3
x				x		−				+
5		3	x	4	=	12				5
=		x		=		=				=
30	+	18	=	48		15	−	7	=	8
		=						+		
84		54	÷	6	=	9		53		14
÷				+		x		=		+
12				10	x	6	=	60		13
=				=		=				=
7	+	9	=	16		54	÷	2	=	27

Solution to Puzzle #46

3	x	11	=	33		64	÷	8	=	8
				−		÷				
13		21	−	5	=	16				24
+				=		=				−
4	x	7	=	28		4	x	4	=	16
=		+								=
17	−	14	=	3		48	÷	6	=	8
		=		x		−		+		
		21	−	12	=	9		7		
				=		=		=		
6	x	6	=	36		39	+	13	=	52

Solution to Puzzle #47

11		13	−	5	=	8		2		
x		+				+		x		
6	x	15	=	90		24	+	21	=	45
=		=				=		=		÷
66		28	+	4	=	32		42		15
				x						=
3	+	5	=	8		33	÷	11	=	3
+		x		=		−		−		
45	−	13	=	32		20	−	4	=	16
=		=				=		=		
48		65	÷	5	=	13		7		

Solution to Puzzle #48

24	÷	4	=	6		27	÷	3	=	9
				+		−				+
2		80	÷	4	=	20				47
+				=		=				=
70	÷	7	=	10		7	x	8	=	56
=		x						−		
72	÷	9	=	8		6	+	3	=	9
		=		+		x		=		x
73	−	63	=	10		9	−	5	=	4
				=		=				=
		3	x	18	=	54				36

Solution to Puzzle #49

4	+	8	=	12		14	+	8	=	22
+				÷		+		+		
7		48	÷	4	=	12		5		10
=		−		=		=		=		x
11	−	8	=	3		26	÷	13	=	2
		=								=
23	+	40	=	63		80	÷	4	=	20
+				÷		÷		+		
5				9	x	8	=	72		
=				=		=		=		
28	÷	4	=	7		10	+	76	=	86

Solution to Puzzle #50

46		5	+	8	=	13		25		
−				−		−		−		
40	÷	8	=	5		7	x	11	=	77
=		x		=		=		=		
6	÷	2	=	3		6	x	14	=	84
		=								÷
74	+	16	=	90		12	−	5	=	7
−				÷		+		x		=
30	÷	3	=	10		60	÷	5	=	12
=				=		=		=		
44		8	x	9	=	72		25		

Solution to Puzzle #51

25				22	x	2	=	44		
x				−				÷		
3	+	14	=	17		17	+	11	=	28
=		+		=		−		=		−
75	÷	15	=	5		8	+	4	=	12
		=				=				=
33	−	29	=	4		9	+	7	=	16
−				x				x		
25				12	−	5	=	7		
=				=				=		
8	x	6	=	48		7	+	49	=	56

Solution to Puzzle #52

16	+	4	=	20		17	x	2	=	34
÷				x		−				−
8		5	+	4	=	9		90		8
=		x		=		=		÷		=
2		9		80	÷	8	=	10		26
		=						=		
54	−	45	=	9		14	−	9	=	5
÷				+		x				x
9				11	x	3	=	33		8
=				=		=				=
6	+	14	=	20		42				40

Solution to Puzzle #53

	8	+	10	=	18					16
	+		+		x					−
6	+	3	=	9		2	+	5	=	7
x		=		=		=		x		=
8	+	11	=	19		36	÷	4	=	9
=								=		
48	−	37	=	11		80	÷	20	=	4
		−		x		÷				x
		4		9	x	5	=	45		7
		=		=		=				=
66	+	33	=	99		16	+	12	=	28

Solution to Puzzle #54

3	+	2	=	5		5	+	9	=	14
x		+				+				x
21		5	x	13	=	65		36		3
=		=		−		=		−		=
63	÷	7	=	9		70	−	28	=	42
				=				=		
24	−	20	=	4		6	x	8	=	48
÷		−				+				÷
3		16	−	6	=	10				12
=		=				=				=
8	x	4	=	32		16	÷	4	=	4

Solution to Puzzle #55

8	−	5	=	3		15	x	4	=	60
+				+		+				÷
28		10	x	3	=	30		36		12
=		+		=		=		÷		=
36	÷	6	=	6		45	÷	9	=	5
		=						=		
3	x	16	=	48		8	−	4	=	4
x				÷		+				+
7				12	+	20	=	32		10
=				=		=				=
21	−	17	=	4		28	÷	2	=	14

Solution to Puzzle #56

51		11	+	22	=	33				36
÷		−				÷				÷
3		3		5	+	3	=	8		9
=		=		+		=		x		=
17	−	8	=	9		11	−	7	=	4
				=				=		
19	−	5	=	14		16	+	56	=	72
x		+				+				÷
2		16	−	8	=	8				12
=		=				=				=
38	−	21	=	17		24	÷	4	=	6

Solution to Puzzle #57

15	x	3	=	45		13	+	36	=	49
−				÷		+				÷
2		11	−	3	=	8		9		7
=		+		=		=		−		=
13	+	2	=	15		21	÷	3	=	7
		=						=		
49	−	13	=	36		5	x	6	=	30
−				÷		x				−
10				12	+	9	=	21		15
=				=		=				=
39	÷	13	=	3		45	−	30	=	15

Solution to Puzzle #58

32	−	16	=	16		22	+	18	=	40
÷				−				−		÷
8		9	+	9	=	18		11		4
=		x		=		x		=		=
4	+	3	=	7		3	+	7	=	10
		=				=				
33	−	27	=	6		54	÷	6	=	9
+				x				x		x
3	+	5	=	8		32	÷	4	=	8
=				=				=		=
36				48	÷	2	=	24		72

Solution to Puzzle #59

		14	−	6	=	8				30
		÷		+		x				÷
6	x	7	=	42		12	−	6	=	6
x		=		=		=		+		=
11		2	x	48	=	96		2		5
=								=		
66	÷	3	=	22		8	x	8	=	64
		x		−		+				−
		9		7	x	9	=	63		36
		=		=		=				=
42	−	27	=	15		17	+	11	=	28

Solution to Puzzle #60

5	+	3	=	8		17	−	10	=	7
+				÷		x				x
27		5		2	+	3	=	5		6
=		x		=		=		x		=
32	÷	8	=	4		51	−	9	=	42
		=						=		
32	+	40	=	72		2	x	45	=	90
−				÷		+				÷
28		12	−	8	=	4				3
=				=		=				=
4	+	5	=	9		6	x	5	=	30

Solution to Puzzle #61

		56	÷	4	=	14				88
		−				x				÷
		50		47		3	+	8	=	11
		=		+		=		x		=
9		6	x	7	=	42		3		8
x				=				=		
9	x	6	=	54		8	+	24	=	32
=		+				x				÷
81	−	12	=	69		9	+	7	=	16
		=				=				=
		18	x	4	=	72				2

Solution to Puzzle #62

12	−	8	=	4		84	÷	7	=	12
x				x		−				−
5		14		12	+	14	=	26		5
=		−		=		=		−		=
60	−	12	=	48		70	÷	10	=	7
		=						=		
9	+	2	=	11		40	−	16	=	24
x				x		÷				x
7				4	x	5	=	20		2
=				=		=				=
63	−	19	=	44		8	+	40	=	48

Solution to Puzzle #63

16	−	3	=	13		25	x	3	=	75
+				x		÷				−
23		42		6	−	5	=	1		20
=		−		=		=				=
39	+	39	=	78		5	x	11	=	55
		=						−		
9	+	3	=	12		8	x	5	=	40
+				x		+		=		÷
9		30	÷	3	=	10		6		10
=				=		=				=
18	x	2	=	36		18	−	14	=	4

Solution to Puzzle #64

		10	÷	2	=	5				
		−				x				
6		6				3	+	45	=	48
x		=				=		÷		
7	x	4	=	28		15	x	5	=	75
=				+				=		−
42	+	5	=	47		81	÷	9	=	9
		x		=		−				=
		12		75	÷	25	=	3		66
		=				=				
72	−	60	=	12		56	÷	8	=	7

Solution to Puzzle #65

5	x	2	=	10		6	+	30	=	36
				+				+		÷
30	÷	10	=	3		21	−	9	=	12
+		−		=		−		=		=
12		4		13	x	3	=	39		3
=		=				=				
42	÷	6	=	7		18	÷	3	=	6
				−				x		+
				3	+	8	=	11		4
				=				=		=
32	÷	8	=	4		43	−	33	=	10

Solution to Puzzle #66

18	x	3	=	54		4	x	6	=	24
+				÷		x				−
18		99	÷	9	=	11		6		2
=				=		=		−		=
36	÷	6	=	6		44	÷	2	=	22
		x						=		
19	−	12	=	7		15	x	4	=	60
x		=		x		−				÷
2		72	÷	8	=	9				5
=				=		=				=
38	+	18	=	56		6	+	6	=	12

Solution to Puzzle #67

		15	−	8	=	7				
		−				x				
10	x	6	=	60		12	x	4	=	48
+		=				=		+		÷
45		9	+	75	=	84		2		12
=				÷				=		=
55	÷	11	=	5		24	÷	6	=	4
		−		=		x				
		3		15	+	4	=	19		
		=				=				
8	x	8	=	64		96	÷	12	=	8

Solution to Puzzle #68

45	÷	5	=	9		7	x	7	=	49
x				+		x				−
2		35		9	−	6	=	3		35
=		÷		=		=		x		=
90	÷	5	=	18		42	÷	3	=	14
		=						=		
10	+	7	=	17		16	−	9	=	7
x				x		−				+
7				2	x	4	=	8		17
=				=		=				=
70	−	36	=	34		12	x	2	=	24

Solution to Puzzle #69

16	−	13	=	3		48	÷	8	=	6
+				x						+
9		8	x	9	=	72				30
=		+		=		÷				=
25		2		27		6	x	6	=	36
		=				=		+		
5	+	10	=	15		12	x	7	=	84
+				+				=		÷
2				19	−	6	=	13		4
=				=						=
7	+	27	=	34		37	−	16	=	21

Solution to Puzzle #70

		2	+	32	=	34				27
				+		÷				−
27	−	9	=	18		2	+	12	=	14
+				=		=		+		=
5	x	10	=	50		17	−	4	=	13
=		+						=		
32	÷	8	=	4		80	÷	16	=	5
		=		x		+				x
5	+	18	=	23		6	+	13	=	19
				=		=				=
				92	−	86	=	6		95

Solution to Puzzle #71

		2	x	32	=	64				85
				÷		÷				+
20	÷	5	=	4		8	−	5	=	3
x		+		=		=		+		=
3	+	5	=	8		8	x	11	=	88
=		=						=		
60	÷	10	=	6		11	+	16	=	27
				+		x				÷
				21	x	2	=	42		3
				=		=				=
41	−	14	=	27		22	−	13	=	9

Solution to Puzzle #72

6	x	12	=	72		8	−	6	=	2
−				÷		+				
3				4	x	12	=	48		
=				=		=		÷		
3	x	6	=	18		20	x	4	=	80
		+						=		−
16	−	12	=	4		20	+	12	=	32
−		=		x		+				=
14		18	−	4	=	14				48
=				=		=				
2	x	8	=	16		34	÷	17	=	2

Solution to Puzzle #73

8	−	2	=	6		20	x	4	=	80
x				+		÷				÷
7		32	÷	8	=	4		99		5
=		+		=		=		÷		=
56	÷	4	=	14		5	+	11	=	16
		=						=		
40	−	36	=	4		48	−	9	=	39
÷				+		x				−
8				31	x	2	=	62		27
=				=		=				=
5	x	7	=	35		96	÷	8	=	12

Solution to Puzzle #74

16	−	7	=	9		14	−	7	=	7
x				x		+				−
3		3	x	7	=	21		77		2
=		x		=		=		÷		=
48	+	15	=	63		35	÷	7	=	5
		=						=		
11	+	45	=	56		9	x	11	=	99
+				÷		+				−
13				7	x	10	=	70		42
=				=		=				=
24	÷	3	=	8		19	x	3	=	57

Solution to Puzzle #75

46	−	33	=	13		2	x	30	=	60
		+				+		÷		
72	−	33	=	39		9	+	10	=	19
÷		=				=		=		x
6		66	÷	6	=	11		3		2
=				x						=
12	−	9	=	3		45	−	7	=	38
		+		=		÷		+		
		5		18	−	9	=	9		
		=				=		=		
27	−	14	=	13		5	+	16	=	21

Solution to Puzzle #76

		24	x	2	=	48				51
		+		+		−				−
54	−	48	=	6		39	+	4	=	43
÷		=		=		=		+		=
9		72	÷	8	=	9		17		8
=								=		
6	x	3	=	18		3	x	21	=	63
		+		÷		+				÷
		22		9	x	10	=	90		7
		=		=		=				=
50	÷	25	=	2		13	−	4	=	9

Solution to Puzzle #77

7	x	11	=	77		32	+	28	=	60
+				−		−				÷
2		12		14	+	24	=	38		15
=		−		=		=		÷		=
9	x	7	=	63		8	÷	2	=	4
		=						=		
10	+	5	=	15		16	+	19	=	35
−				+		+				−
3		12	+	20	=	32				27
=				=		=				=
7	x	5	=	35		48	÷	6	=	8

Solution to Puzzle #78

55	÷	5	=	11		24	+	25	=	49
−				x						÷
33		7		6		14	−	7	=	7
=		+		=				−		=
22	x	3	=	66		28	÷	4	=	7
		=				+		=		
23	+	10	=	33		12	x	3	=	36
+				−		=				÷
29		2	x	20	=	40				3
=				=						=
52	÷	4	=	13		4	x	3	=	12

Solution to Puzzle #79

54	−	6	=	48		10	x	4	=	40
÷				+		+				÷
6	+	6	=	12		2		55		8
=		x		=		=		÷		=
9		7		60	÷	12	=	5		5
		=						=		
56	−	42	=	14		22	+	11	=	33
÷				+		−				+
7				34	−	13	=	21		30
=				=		=				=
8	x	6	=	48		9	x	7	=	63

Solution to Puzzle #80

96	÷	4	=	24		22	+	31	=	53
÷				x		−		−		
12		17		3	+	19	=	22		
=		−		=		=		=		
8	x	9	=	72		3	x	9	=	27
		=								+
16	+	8	=	24		12	−	4	=	8
−				÷		+		+		=
9				8	+	11	=	19		35
=				=		=		=		
7	−	4	=	3		23	+	23	=	46

ZISHKA PUBLISHING

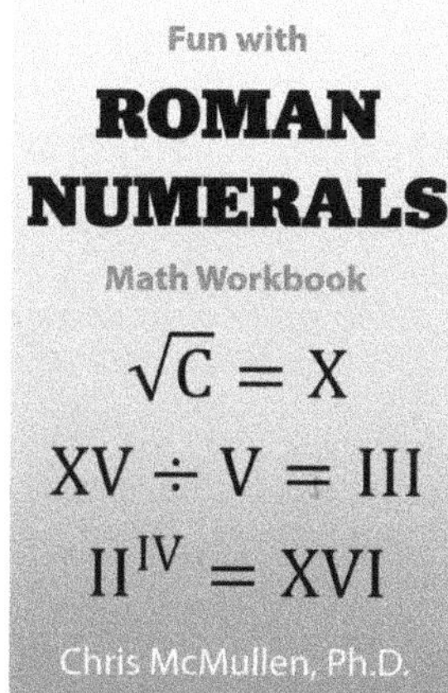

Fun with
ROMAN
NUMERALS
Math Workbook
$\sqrt{C} = X$
$XV \div V = III$
$II^{IV} = XVI$
Chris McMullen, Ph.D.

300+
MATHEMATICAL
PATTERN
PUZZLES
NUMBER PATTERN RECOGNITION AND REASONING
CHRIS MCMULLEN, PH.D.

PYRAMID MATH
PUZZLE CHALLENGE
CAN YOU FILL IN THE MISSING NUMBERS?
CHRIS MCMULLEN, PH.D.

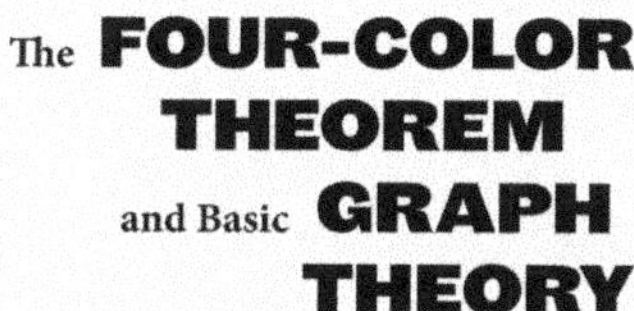

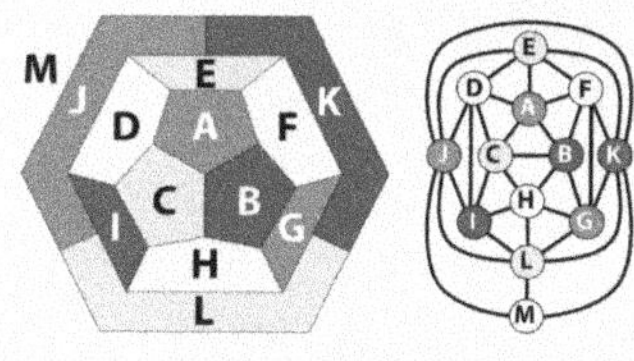

WORD
PROBLEMS
with Answers
Sam is 20 years older than Amy. 8 years ago, Sam was
twice as old as Amy. How old are Sam and Amy now?
8 years ago
now
Amy 20 28
Sam 40 48
Chris McMullen, Ph.D.

ALGEBRA
WORD
PROBLEMS
Practice Workbook with Full Solutions
$(x-4)(x+3)=0$
Chris McMullen, Ph.D.

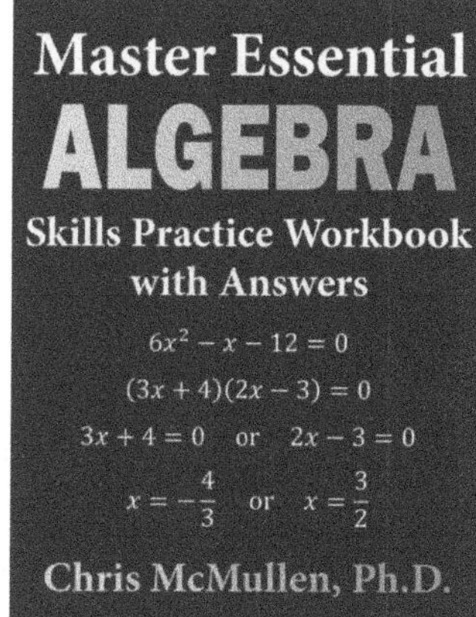

Master Essential
ALGEBRA
Skills Practice Workbook
with Answers
$6x^2 - x - 12 = 0$
$(3x+4)(2x-3) = 0$
$3x + 4 = 0$ or $2x - 3 = 0$
$x = -\frac{4}{3}$ or $x = \frac{3}{2}$
Chris McMullen, Ph.D.

GEOMETRY
PROOFS
ESSENTIAL PRACTICE PROBLEMS
CHRIS MCMULLEN, PH.D.

Essential
CALCULUS
Skills Practice Workbook
with Full Solutions
$\frac{d}{dx}\tan(5x)$
$\int \sqrt{1-x^2}\,dx$
Chris McMullen, Ph.D.

www.ingramcontent.com/pod-product-compliance
Lightning Source LLC
Chambersburg PA
CBHW081634040426
42449CB00014B/3303
* 9 7 8 1 9 4 1 6 9 1 4 6 5 *